Jacques Tshilumba Shambuyi

A reclamação

Jacques Tshilumba Shambuyi

A reclamação

O Profeta e o Povo

CREDO EDICIONES

Imprint

Cover image: www.ingimage.com

Publisher:
CREDO EDICIONES
is a trademark of
Dodo Books Indian Ocean Ltd., member of the OmniScriptum S.R.L Publishing group
str. A.Russo 15, of. 61, Chisinau-2068, Republic of Moldova Europe
Printed at: see last page
ISBN: 978-613-5-58262-8

Jacques Tshilumba

Pastor

N° DEPÓSITO LEGAL: AO 3.02108-57385

A RECLAMAÇÃO

PREFÁCIO

PREFÁCIO

Não é fácil nem fácil abordar um assunto tão complexo como o da "**RECLAMAÇÃO**"; saber que o homem é espiritual e emocional e social. Reclamar, ou seja, lamentar ou gemer, faz parte de seu cotidiano.

Esta obra, que tenho a grande honra de recomendar a todos que leiam, a saber: crentes e incrédulos, trata da "**RECLAMAÇÃO**".

No entanto, convém distinguir a reclamação que um homem ou uma mulher formula contra um terceiro, e aquela dirigida ao Deus Criador!

A reclamação contra Deus e a reclamação diante de Deus também devem ser distinguidas!

O autor deste livro edifica-nos principalmente sobre a reclamação contra Deus, por parte das pessoas, desconhecendo as consequências dos seus pecados, que se esforçam em reclamar do Criador do céu e da terra, como se fosse o Único - esta é a causa do seu infortúnio!

É por isso que Jeremias, tomado como protagonista deste escrito, exorta os seus contemporâneos, lançando este apelo: nós. Jeremias 4: 8.

Tive a graça de conhecer o **Pastor Jacques TSHILUMBA** durante o ano de 1997, enquanto ele estava seguindo o treinamento bíblico no Centre de Perfectionnement pour le Ministère (C.P.M.) em Kinshasa.

Filho do falecido pai **KAJINGULU LUMBAYI**, na época noivo de Naomie, que mais tarde se tornou sua querida esposa e mãe de seus filhos, Jacques era de fato chamado **Jacques TSHILUMBA SHAMBUYI**.

Significa que é meu filho que conheço de perto e que levo no coração.

Que este livro contribua para a construção do povo de Deus e para um apelo à conversão de muitas almas perdidas.

Apóstolo Bertin KADIMA

DEDICAÇÃO E RECONHECIMENTOS

DEDICAÇÃO E RECONHECIMENTOS

Dedico este livro ao corpo da Igreja de Cristo; composta por todos os filhos de Deus para a sua edificação, de acordo com a missão que o Senhor me confiou.

Também o dedico a todos os meus filhos na fé, mais particularmente ao povo de Deus da Assembleia Cristã **'BATIR SUR LE ROC'**; sobre o qual Deus me designou como pastor.

Agradeço ao Senhor Deus, Pai de nosso Senhor Jesus Cristo, que me chamou para servi-lo desde a minha juventude; e que pelo Espírito Santo me ensinou e inspirou a escrever esta obra.

Todos os meus agradecimentos aos membros da minha família biológica; aos meus filhos e à minha esposa **NAOMIE MABU**, que são um grande apoio para mim.

Agradeço também ao apóstolo **BERTIN KADIMA**, que é um pai para mim e que muito contribuiu com seus conselhos na minha vida e no exercício do meu ministério.

Meus agradecimentos ao **Pastor SYLVANUS MULOWAYI**, por me encorajar a escrever este livro; seguindo meus ensinamentos em nosso canal You Tube **'BATIR TV'**, trechos de minhas mensagens sobre meus status de Whatsapp, que muitas vezes me incentivaram a fazê-lo por escrito, E sempre me lembraram dos periódicos **'BATIR SUR LE ROC'** que escrevi e publiquei durante três anos, do ano de 2000 a 2002.

Que ele encontre aqui , a expressão do meu agradecimento, pelo seu contributo na realização deste trabalho.

O meu agradecimento a todos aqueles que contribuíram para o desenvolvimento do meu ministério pela difusão dos meus ensinamentos, pelo audiovisual e multimédia; penso no **Pastor GABRIEL MALOBA** que produziu e transmitiu os programas comigo em seu discurso de fortalecimento do programa de TV, **Pastor ZACHARIE KABENGELE**, **Pastor FREDDY YUMBA** que foram uma bênção e um grande apoio na propagação do evangelho segundo a missão que Deus designou para nós.

E meus agradecimentos antecipados a todos os que leram este livro, bem como àqueles que facilitarão sua distribuição.

Como está escrito na epístola de 3 João 1:13; Com tinta e caneta é difícil agradecer a todos e dizer tudo. Que todos aqueles que participaram de uma forma ou de outra na escrita deste livro, encontrem com estas palavras o nosso agradecimento.

Que meu Deus os abençoe, em nome de nosso Senhor Jesus Cristo.

INTRODUÇÃO

INTRODUÇÃO

Nesta tabela, gostaríamos de compartilhar um tópico igualmente importante sobre a reclamação de um homem contra Deus. E neste caso específico, pegamos o de um dos grandes profetas. Este é o Profeta Jeremias.

Jeremias que foi verdadeiramente um homem de Deus, que não podia se corromper, nem por dinheiro nem por lisonja, nos lembra de Cristo em seu ministério público e de Paulo em Atenas, que não podia permanecer insensível ao pecado e à loucura de seus contemporâneos .

« *Enquanto Paulo esperava por eles em Atenas, ele sentiu seu espírito se irritar ao ver esta cidade cheia de ídolos.* » Atos 17:16

Ele viu com profunda amargura a ligação inexorável entre o mal e o castigo; portanto, para Jeremias, o exílio seria o julgamento inevitável, se alguma vez o povo não pudesse se arrepender.

A expressão « *Não é da vontade do Altíssimo que vêm os males e o bem?* » Usado em Lamentações 3:38, tem o significado de dificuldade e não de mal moral. E em espírito profético, o profeta Jeremias se identifica com seus compatriotas e implora-lhes que retornem a Deus, por meio da reconciliação com ele.

« *Busquemos nossos caminhos e busquemos, e voltemos para o Senhor; elevemos o coração e as mãos a Deus que está nos céus: pecamos, somos rebeldes! Você não perdoou!* » Lamentações 3: 40-42

Do versículo 43 ao versículo 54 do mesmo capítulo de Lamentações, é o sentimento de rendição que geralmente precede qualquer conversão genuína descrita aqui pelo autor.

Em conclusão, ao se identificar com seu povo, em um exame de consciência espiritual, Jeremias tinha um objetivo: não desfrutar de uma vida de pecado (nem para si nem para seu povo); mas volte para Deus, obedeça a sua Palavra.

« *Eu invoquei o seu nome, ó Senhor, do fundo do poço. Você ouviu minha voz: Não feche seu ouvido aos meus suspiros, aos meus gritos! No dia em que te chamei, você se aproximou, Você disse: Não tenha medo! Senhor, tu defendeste a causa da minha alma, tu redimiste a minha vida.* » Lamentaçãoes 3 :55-58

Para ele era uma oração de intercessão misturada com um lamento, enquanto para Deus era praticamente uma reclamação ou uma queixa.

A bíblia afirma: « *Não é da vontade do Altíssimo que o mal e o bem vêm? Por que reclamaria um homem vivo? Que todos se queixem de seus próprios pecados.* » Lamentações 3 :38-39

Ambos os versos são reveladores. Não só que as pessoas se queixam dos erros, mas também das mercadorias. No entanto, aqui o Senhor Deus pede ao profeta Jeremias que reclame de seus próprios pecados.

O Senhor Deus não nos permite reclamar dos males e nem mesmo dos bens. Porque tudo vem dele.

É de Sua vontade que vêm o bem para nossa recompensa e os males do pecado.

E nesse assunto, há pessoas que reclamam das coisas boas que Deus lhes dá enquanto ainda estamos neste corpo carnal. Por exemplo :

Existem pais que reclamam do tipo de filhos que Deus lhes deu. Outros, depois de sofrerem por muito tempo, não aceitam o trabalho que há anos estão perdidos.

Deus te dá um marido, em vez de agradecê-lo, você começa a reclamar. Ele te dá uma família, você fica reclamando quando tem muita gente que perdeu a sua e fica sem família e parentes.

No livro de Amós está escrito o seguinte: « *Você toca a trombeta na cidade e o povo não fica aterrorizado? Acontece algum infortúnio em uma cidade da qual o Senhor não é o autor?* » Amós 3: 6

Referindo-se a Jeremias 5: 10-12, vemos que esse povo que afirmava pertencer ao Senhor (como nos capítulos 3 e 4), foi tentado a acreditar que Deus fecharia seus olhos para os seus pecados. No entanto, no versículo 10, o Senhor disse-lhe abertamente: « *Remova as vinhas que não pertencem ao Senhor.* »

Em sua soberania, nada pode acontecer na terra sem que Deus seja seu autor. É ele quem dá e quem tudo arrebata.

Vamos parar de reclamar diante de Deus em face do infortúnio que se abate sobre nós. Pelo contrário, vamos reclamar de nossos próprios pecados.

O profeta Jeremias foi um homem a quem Deus usou poderosamente em seus dias, mas um dia sua oração assumiu a forma de reclamação diante de Deus por causa do pecado de seu povo.

Na verdade, as pessoas que amam a Deus estão se escondendo em uma oração como súplica e adoração, quando na realidade estão reclamando de

Deus. É como café com leite. Não é café nem leite; mas café com leite.

Por que o Profeta Jeremias se queixou?

A resposta a esta pergunta é crítica e eu gostaria de quebrar o túnel e me agarrar à posição de Deus.

A resposta a esta pergunta tem duas partes:

- Por causa da ruína de Jerusalém

- Ele comparou a glória do passado com a miséria de hoje. Então, ele expressou seu sofrimento e angústia.

«*Portanto assim diz o Senhor: Se te apegares a mim, responder-te-ei e estarás perante mim;*

Se você separar o que é precioso do que é vil, você será como a minha boca. Cabe a eles voltar para você, mas não cabe a você voltar para eles.» Jeremias 15.19

Este homem de Deus estava reclamando em vez de chorar por seus próprios pecados e Deus está nos revelando o que ele realmente deveria fazer:

- Para se relacionar com Deus,

- Separe o que é precioso do que é vil.

Reclamar é praticamente se afastar de Deus e afundar em uma fenda. E reclamar de nossos próprios pecados nos aproxima de Deus para reconciliação e restauração. Depende de nós voltarmos para Deus porque ele já fez a sua parte!

Reanexar é colocar de volta no lugar o que foi destacado.

E ao se conectar com Deus, ele nos responderá e poderemos estar diante dele. Para retornarmos à sua presença sagrada.

Separando o que é precioso do que é vil, Deus tornará nossa boca dEle. Será cheio de verdade e Seu medo.

E para encontrar uma resposta diante de Deus, será necessário relacionar, ou seja, entrar em Sua presença.

Não é nos apegando aos homens que obteremos nossa resposta de Deus.

«*Assim diz o Senhor: Maldito o homem que confia no homem, assume a carne para se sustentar e desvia o coração do Senhor!*» Jeremias 17 :5

Devemos voltar a Deus para obter a resposta dEle aos nossos problemas.

Estar apegado a Deus é estar em comunhão com Ele e colocar Sua Palavra em prática.

“Se você permanecer em mim, e minhas palavras permanecerem em você, pergunte o que quiser e será concedido a você. "João 15: 7

Permaneçamos apegados a Deus sem nos afastar dele, sejam quais forem os males e os bons.

Não é apenas o infortúnio que separa as pessoas de Deus. Às vezes, a bênção também pode afastar algumas pessoas de Deus, como no caso do filho pródigo.

Em vez de reclamar do que comer, do que beber ou do que vestir, vamos reclamar dos nossos próprios pecados e isso nos aproximará de Deus.

Renunciemos o mal assim como as coisas más e nos conectemos com Deus porque se nos afastarmos Dele, será difícil obtermos a resposta esperada Dele.

Reclamações e sussurros nos afastam de Deus, ao passo que se permanecermos apegados a Ele, reclamando de nossas próprias faltas, estaremos diante Dele e Ele fará de nossas bocas Suas.

Levaremos tempo para parar de reclamar do bem e do mal, mas sim para reclamar de nossos próprios pecados, porque nosso Deus e nosso Pai Celestial já fez Sua parte.

O Autor

CAPÍTULO 1

CAPÍTULO 1

VISÃO GERAL HISTÓRICA E EXEGETAL

SIGNIFICADO

- O título deste livro de Jeremias em Hebreus é "ECAH", que significa "COMO". Veja o capítulo 1 :1; 2 :1; 4.1

A versão "The Septuagint" chamou-lhe "as canções fúnebres", daí o título "Lamentações".

- Uma reclamação significa um gemido que expressa dor (1 Samuel 1:16; Jó 9:27). E reclamar significa lamentar, gemer.

CHAMADA DE JEREMIAS

Deus chamou Jeremias para exercer seu ministério profético durante um período crítico em que a nação estava em rebelião contra ele e confiava em alianças políticas para se livrar de seus inimigos.

Portanto, sua missão era exortar o povo a se arrepender de seus pecados e avisá-lo da punição que sofreria por rejeitar a Deus e sua lei.

CAPÍTULO 2

CAPÍTULO 2

A QUEIXA CONTRA DEUS

Cada um de nós terá que reclamar de nossos próprios pecados, porque toda ação é primeiro individual antes de se tornar uma questão coletiva!

Tudo o que fazemos em nossa caminhada com o Senhor é baseado em nossa fé em Deus!

Não devemos confiar nos homens. Devemos colocar nossa fé em Deus. E toda vez que baixamos a guarda e começamos a reclamar com Deus, nos afastamos dele sem saber. (Romanos 15: 1-2; Gálatas 6: 1-2)

Devemos reclamar, cada um por causa de seus próprios pecados, porque eles criam um abismo entre Deus e nós. O problema não é a família, a igreja local, a sociedade ou o vizinho. O ponto crucial da questão é cada um de nós, sozinho diante de Deus.

O problema está em seu próprio relacionamento com Deus!

É de Deus que vêm o bem e o mal. E Deus em Sua soberania nos pede para reclamar de nossos próprios pecados.

Esse foi o caso do profeta Jeremias, que se queixou do pecado do povo antes dele.

Quem se queixa de Deus se separa dele, enquanto quem se queixa dos próprios pecados volta para se reunir com ele. E para mudar sua situação, o profeta teve que voltar para Deus.

À medida que reclamamos de uma forma ou de outra, gradualmente nos afastamos de Deus.

É assim que Deus lhe dirá para se relacionar com ele para que possa responder a ele. E se houver um leitor que precisa de uma resposta de Deus agora, eu o incentivo a se conectar com o Senhor para que receba uma resposta positiva dele.

Muitos acreditam que, apegando-se aos homens, terão soluções. Sim, pode ser mantido ou bem-sucedido uma ou duas vezes, mas nem sempre.

Mas aquele que se apega a Deus terá sua resposta em um nível espiritual, físico, material, financeiro e até emocional.

Cabe a cada um de nós fazer a escolha certa!

Os homens são limitados em uma área ou outra da vida. Portanto, nosso Deus nos apóia com nossa fé e nossa esperança em sua Palavra!

Deus ordenou a Jó que se apegasse a ele, para que anunciasse maravilhas a ele. Quem está apegado a Deus é quem põe em prática a Palavra de Deus, é quem está em comunhão com Deus e anda segundo a Palavra de Deus.

Vamos permanecer apegados a Deus, não importa os tempos e circunstâncias que passemos. E não é apenas a maldição que separa as pessoas de Deus.

Como mencionado acima, é do Todo-Poderoso que o mal e o bem vêm. Não devemos reclamar dos erros e dos bens.

Em vez disso, devemos reclamar de nossos próprios pecados porque essa é uma recomendação de nosso Deus.

Reclamações contra Deus nos separam Dele, enquanto se observarmos a disciplina de reclamar de nossos próprios pecados, teremos Seu favor.

RECLAMAÇÃO PELOS NOSSOS PRÓPRIOS PECADOS

Quando alguém reclama dos próprios pecados diante de Deus, obtém favor por sua resposta. E tal ato produz o arrependimento que precede a reconciliação antes de falar de restauração.

Reclamar contra Deus é uma barreira que bloqueia o processo da resposta de Deus em nosso nome, para nossa própria ruína e destruição.

Qual é a utilidade de chorar e evitar que Deus nos responda? A reclamação é um freio, um obstáculo e um bloqueio em nossa caminhada com o Senhor.

Oramos dia e noite, mas a resposta às vezes leva muito tempo para chegar até nós.

Muitas vezes é por causa da tradição de seguir a fórmula dos outros, quando, em vez disso, devemos nos livrar de nossos próprios pecados, desta vida de rebelião e revolta.

Não é com a abundância de nossas palavras que Deus nos responderá. Em vez disso, é livrando-nos de nossos próprios pecados que desfrutaremos do favor divino.

Não é a abundância de nossas lágrimas diante de Deus que o leva a nos responder. Mas quando reclamamos de nossos próprios pecados e tomamos a firme decisão de andar de agora em diante em obediência, fidelidade e disciplina com nosso Deus, então Ele age favoravelmente para conosco.

O problema está mais do lado do homem porque Deus já fez a sua parte.

Este favor de obter a resposta d'Ele abre as portas para que nossa oração seja atendida e nos permite reconciliar-nos com nosso Deus e nos restituir à sua bondade renovada.

Alguém precisa de uma resposta de Deus?

- Queixe-se dos próprios pecados, porque o pecado é a raiz de todo o mal, impede Deus de nos ouvir e sua mão de nos tocar.

O pecado nos leva à morte e também nos separa de Deus.

« *Não, a mão do Senhor não é muito curta para salvar, nem seu ouvido muito difícil de ouvir. Mas são os seus crimes que separam você do seu Deus; São os seus pecados que escondem o rosto dele de você E o impedem de ouvi-lo.* » Isaías 59 : 1-2

- Deixe-o examinar a si mesmo abandonando o pecado, como o filho pródigo.

« *Depois de se recompor, disse a si mesmo: Quantos mercenários na casa de meu pai têm pão em abundância e eu, aqui, estou morrendo de fome! Vou me levantar e ir ter com meu pai e dizer-lhe: Pai, pequei contra o céu e contra ti, e já não sou digno de ser chamado teu filho; me trate como um de seus mercenários. E ele se levantou e foi para seu pai. Como ele ainda estava longe, seu pai o viu e comovido de compaixão, ele correu para se jogar em seu pescoço e beijou-o. O filho lhe disse: Pai, pequei contra o céu e contra ti, já não mereço ser chamado teu filho.*» Lucas 15:17-21

Obviamente, se há algo que torna o céu feliz, é nos ver lamentar por nossos próprios pecados. É por isso que o Senhor Jesus Cristo morreu na cruz, por nós.

O irmão mais velho do filho pródigo não gostou da salvação do irmão, que havia voltado à vida, muito menos com o seu arrependimento; mas ele estava preocupado com os benefícios que seu irmão havia recebido, enquanto o pai estava feliz com o arrependimento de seu filho perdido que havia retornado, arrependido de seus pecados.

Da mesma forma, Deus, que é nosso Pai Celestial, fica feliz quando reclamamos de nossos pecados.

« *Da mesma forma, eu lhes digo, há alegria diante dos anjos de Deus por um pecador arrependido.* » Lucas 15:10

« Mas você tinha que se animar e se alegrar, porque seu irmão aqui estava morto e voltou à vida, porque ele estava perdido e foi encontrado.» Lucas 15: 32

- Deixe-o inclinar-se diante de Deus que o levantará.

Aquele que se humilha diante de Deus obterá graça, misericórdia e será ajudado em suas necessidades, mas aquele que se crê melhor do que os outros e se orgulhará disso diante de Deus, pensando que não precisa dele; e acreditando que ele fez muito por si mesmo e pelos outros, será humilhado e rejeitado por Deus. Lucas 18: 10-14.

« Dois homens subiram ao templo para orar; um era fariseu e o outro coletor de impostos.

O fariseu, de pé, orava consigo mesmo: Ó Deus, obrigado porque não sou como os outros homens, que são captores, injustos, adúlteros, ou mesmo como este publicano;

Jejuo duas vezes por semana, dou o dízimo de toda a minha renda.

O publicano, parado à distância, nem se atreveu a erguer os olhos para o céu; mas bateu no peito, dizendo: Ó Deus, tem paz comigo, que sou pecador.

Digo-vos que este desceu justificado para sua casa, e não o outro. Pois quem se exalta será humilhado, e quem se humilha será exaltado. » Lucas 18: 10-14

Deixemos de reclamar dele e nos queixemos, ao contrário, dos nossos próprios pecados.

Voltemos à sua presença e nos relacionemos com ele para obter a resposta às nossas necessidades.

LEVANTE-SE NA SUA PRESENÇA

Podemos estar em Sua presença depois de nos conectarmos com Ele por meio do arrependimento e da santificação. É um sinal da vitória obtida na oração que começa com uma reclamação sobre nossos próprios pecados.

Nosso Deus nos eleva e nos dá força para ir mais longe quando seguimos seus mandamentos.

O maior pecado é se recusar a se arrepender. É descrença. E uma vez que seguimos as instruções de Deus para reclamar de nossos próprios pecados, a Mão Poderosa de Deus trabalha por nós de todas as maneiras.

Fá-lo a nível espiritual, físico, material, financeiro e até emocional.

Este é o desejo de Deus para qualquer um que aceite reclamar de seus próprios pecados honestamente diante deles. Deus está sempre disposto a nos fazer o bem, mas o problema está sempre do nosso lado.

Reclamamos dele quando deveríamos reclamar de nossos próprios pecados. O pecado em si é um grande inimigo e não podemos permitir que ele reine em nossas vidas, pois ele nos separa de Deus e nos sujeita à escravidão da carne.

É aqui que devemos fazer a escolha certa e violentar esta vida de convivência com o pecado. É aqui que devemos tratar nossa carne com severidade para permitir que nosso espírito entre em comunicação com nosso Deus.

Em pé, podemos nos movimentar e nos tornar úteis para nós mesmos e para os outros.

A reclamação contra Deus nos deixa reclinados longe de Deus, pois o rigor sobre nossos próprios pecados nos liga a Deus e nos permite estar em Sua presença sagrada.

Oh, que coisa maravilhosa é estar diante dAquele que tem a primeira e a última palavra sobre a vida dos homens na terra!

TORNE-SE A BOCA DE DEUS

As coisas divinas não são assim neste mundo, por exemplo, você tem que pagar muito dinheiro ao médico para cura. Eles são tão simples que homens inteligentes de acordo com a ciência não acreditam neles.

Tornar-se a boca de Deus é uma coisa maravilhosa que cada um de nós deve experimentar em nossa vida sob o sol.

A condição para se tornar semelhante à boca de Deus é separar o bem do mal. Este é o exercício recorrente na vida de todos os filhos de Deus. Conseguir evitar misturar o bem e o mal.

E a maior escola da vida é a da separação entre o bem e o mal, o dia e a noite, a felicidade e a infelicidade. Tenha uma vida de fé e meditação na Palavra de Deus. Tenhamos sempre dentro de nós esta nobre sabedoria de nos perguntarmos se o que fazemos é bom ou mau, antes de darmos mais um passo. Devemos obedecer continuamente à Palavra de Deus e não aos homens.

Temos que nos livrar do que é vil e nos agarrar ao que é precioso.

Como cristãos, devemos nos separar das coisas que não têm valor diante de Deus. Há muitas coisas que fazemos em nossa vida cotidiana que não têm valor diante de nosso Deus.

Amados no Senhor, se queremos caminhar com o nosso Deus, se queremos receber dele a resposta e permanecer a seu serviço, permaneçamos em sua presença.

É Jesus Cristo quem é precioso. É ele, a pedra rejeitada pelos construtores e que se tornou a do anjo. Essa é a nossa prioridade. Ele é o centro da nossa fé!

« *O reino dos céus ainda é como um tesouro escondido no campo. O homem que o encontrou o esconde; e, na sua alegria, vai vender tudo o que tem e compra este campo.* » Mateus 13: 44

E este tesouro para nós é Jesus!

Ele é a pedra preciosa, ele é a pedra angular. E devemos estar apegados àquele que é precioso.

A Palavra de Deus é preciosa. É melhor do que mil itens de ouro e mil itens de prata.

Devemos acreditar no que é precioso. Vamos nos ater à fé. Vamos acreditar na Palavra de Deus e amá-la de todo o coração! Vamos colocá-lo em prática em nossa vida cotidiana.

A escala de valores de um filho de Deus é diferente daquela de um incrédulo!

E as prioridades dos filhos de Deus não podem ser as melhores se não soubermos como separar o bem do mal.

Quando começamos a reclamar e sussurrar diante de Deus, perdemos a batalha sem saber.

Quando oramos, como filhos de Deus, evitemos reclamar por medo de atrasar a resposta à nossa própria oração.

Devemos reclamar de nossos próprios pecados. No caso do profeta Jeremias, aquele que Deus conhecia desde o ventre de sua mãe, ele tinha problemas com o povo e não entendia quem era e teve que ficar do lado de Deus!

A certa altura, ele até mencionou sua mãe, em sua reclamação, em vez de reclamar de seus próprios pecados.

Por que em sua reclamação ele disse que Deus o fez nascer um homem de contendas e contendas? Isso mostra que, o profeta Jeremias tinha problemas com o povo de Deus por causa de suas profecias que eram verdadeiras, difíceis e relevantes.

Naquela época, como é o caso hoje, as pessoas não apoiavam a sã doutrina de Deus. As pessoas gostavam de ouvir o que as fazia felizes.

Sim, Jeremias profetizou coisas que chocaram as pessoas que o seguiram. E ele acabou concluindo que o Senhor o fez nascer um homem de contendas e contendas.

A missão é muito maior que o missionário e seus sucessores!

A missão confiada ao profeta criou para ele problemas de convivência com seus contemporâneos e ele se viu praticamente sozinho.

Sim, há momentos na vida de cada missionário em que se encontram sozinhos e reservam um tempo para refletir sobre a missão que receberam de Deus. Nesse momento, deve-se evitar reclamar de Deus, mesmo que haja vento contrário. Só será necessário reclamar dos próprios pecados e confiar em Deus que deu a dita missão.

Ser a boca de Deus não é apenas compartilhar as boas novas, pregar o evangelho ou ensinar a Palavra de Deus.

Ser a boca de Deus é também expressar a mente e a vontade de Deus.

«*Aqueles que foram compreensivos brilharão como o esplendor do céu, e aqueles que ensinaram a justiça à multidão brilharão como as estrelas para todo o sempre.*» Daniel 12 :3

Porque a boca exprime o que somos e temos, pois é da abundância do coração que a boca fala.

Quando Deus nos pede para sermos Sua boca, não é apenas para falar, mas também para demonstrar aquilo em que acreditamos.

Devemos demonstrar em nós a vida de Deus, sua bondade, sua santidade e seu poder.

Em outras palavras, o que Deus está fazendo deve ser lido em nossas vidas.

Ser a boca de Deus é expressar o que Deus é. E esse era o problema que o profeta Jeremias tinha conhecido com seus contemporâneos, porque ao transmitir exatamente o que recebia de Deus, os outros que queriam ouvir o que lhes faria bem se tornaram seus inimigos e ele sofreu com isso.

Na missão de Deus, não procuremos agradar aos homens, permaneçamos fiéis a quem nos confiou essa missão e receberemos a coroa da justiça no final da corrida.

Vamos permanecer fiéis ao nosso Deus, apesar das dificuldades no caminho de nossa caminhada ao sol.

CAPÍTULO 3

CAPÍTULO 3

A MISSÃO

Jeremias teve problemas com os filhos de Israel por causa da missão dada a ele por Deus. E sua reclamação está principalmente relacionada à missão recebida de Deus entre seus contemporâneos.

« *Ai de mim, mãe, porque você me deu à luz, um homem de contendas e contendas por todo o país! Não peço emprestado nem empresto, E, no entanto, todos me amaldiçoam.* » Jeremias 15:10

É por causa da missão de Deus que Seus servos estão em perigo o tempo todo contra sua própria pessoa, sua família, sua igreja e sua sociedade.
Por causa da missão recebida de Deus, Jeremias se tornou um homem de contendas e contendas por todo o país.

E isso me lembra do Senhor Jesus que em seu tempo se dirigiu a seus discípulos nestes termos:

« *Eis que vos envio como ovelhas ao meio de lobos. Portanto, seja sábio como as cobras e simples como as pombas.*

Cuidado com os homens; porque eles vos entregarão aos tribunais, e vos açoitarão nas suas sinagogas;

Sereis apresentados a governantes e reis por minha causa, para ser uma testemunha para eles e para os gentios.

Mas, quando você for entregue, não se preocupe em como você falará ou o que dirá: o que você tiver a dizer será dado a você na mesma hora;

Pois não é você quem vai falar, é o Espírito do seu Pai que vai falar em você.» Mateus 10 :16-20

Este é o preço a ser pago no exercício do ministério. Portanto, é recomendado que os servos de Deus orem uns pelos outros, como foi no caso de Abraão para Ló.

A missão de Deus transformou o profeta Jeremias no inimigo público número um porque ele estava do lado de Deus.

Apesar de todos esses males, Jeremias não devia reclamar de Deus. Em vez disso, ele teve que reclamar de seus próprios pecados para obter a resposta de Deus, bem como os benefícios de sua perseverança e seu avanço na missão que recebera de Deus. Pois Deus nos pede para perseverar até o fim para herdar a vida eterna.

Devemos pagar o preço pela obediência à Palavra de Deus, disciplina em tudo o que fazemos em nome do Senhor para que não percamos a coroa de glória que nos espera no fim do túnel de nossa missão nesta terra.

E na missão de Deus, ser como sua boca é um grande privilégio.

No Antigo Testamento, o profeta era chamado de 'Nabia', que significa porta-voz de Deus ou boca de Deus. Pois Deus colocou sua palavra em sua boca para ser comunicada ao povo.

Manifestamos nossos dons na missão que nos foi confiada por Deus e, assim, nos tornamos seus embaixadores onde quer que vamos para realizar nosso trabalho individual e coletivo em prol do reino dos céus.
O embaixador não reclama do seu próprio país por o ter enviado para o local onde desempenha a sua missão consular.
Estamos em missão consular do Reino dos Céus e não temos o direito de reclamar diante de Deus. Seja para mercadorias ou para doenças.
Só podemos reclamar de nossos próprios pecados.
Ao longo de nossa missão, devemos seguir a instrução do Senhor: « Reclame apenas dos próprios pecados. »
Mesmo que você esteja cansado e oprimido, como um missionário de Deus, você terá que aprender a controlar sua língua e evitar reclamar de seu Deus.

Como homens sábios e perspicazes, vamos reclamar de nossos próprios pecados.

CONFIE SÓ EM DEUS

« *Cura-me, Senhor, e serei curado; Salve-me e serei salvo; Porque você é minha glória.*

Eis que eles me dizem: Onde está a palavra do Senhor? Que seja cumprido! » Jeremias 17: 14-15.

Já não é altura de reclamar de Deus pelas dificuldades do caminho, porque a vida de um missionário é como a de um soldado. Se não atirarmos no inimigo, é ele quem está atirando em nós.

Não vamos perder tempo reclamando de Deus. Vamos trabalhar e confiar primeiro em Deus que deu a visão e que também fornecerá a provisão para o sucesso dessa missão.

Nunca mais reclame no desempenho de nossa missão.

É Deus que é a nossa glória, pois é ele quem nos confiou a missão, ele nos capacitará para cumpri-la. Vamos parar de reclamar de tempestades durante a missão.

As pessoas vão pedir milagres e sinais dos tempos para nos desencorajar ao longo de nossa jornada. Não vamos entrar no jogo deles. Vamos nos concentrar na missão que recebemos de Deus.

O profeta começou bem sua oração mencionando que Deus é sua glória. E logo em seguida começou a pensar no que as pessoas estão falando sobre ele.

Essa forma de fazer as coisas cria uma interferência que nos afasta, mais uma vez, de Deus. Estamos a serviço de Deus e não dos homens. E servir a Deus é fazer dele a prioridade em sua vida.

As pessoas ao nosso redor sempre encontrarão palavras maldosas para nos desencorajar. Eles pedirão sinais e maravilhas, enquanto vivem em pecado e em rebelião.

Confiemos em Deus que nos confiou esta missão e ele nos fará ter sucesso.

Eles dirão para desanimá-lo: « *Onde está a Palavra do Senhor?* »

Freqüentemente, temos problemas com o tempo de resposta de Deus, que faz tudo certo no tempo devido.

Quando uma profecia demora para se cumprir, para evitar as palavras dos ímpios, será necessário ir ao que chamamos de escola de Habacuque:

« *Pois é uma profecia cujo tempo já está determinado; está chegando ao fim, e não mentirá; Se demorar, espere, Pois será cumprido, certamente será cumprido.* » Habacuque: 2-3

As palavras dos homens podem desanimá-lo a ponto de você questionar sua própria vocação.

Você estava sozinho quando o Senhor lhe deu esta missão e hoje você se encontra em dívida com aqueles que o encontraram no ministério.

O Senhor Jesus nos avisou em seu tempo dizendo:

“Um profeta é desprezado apenas em sua terra natal, entre seus pais e em sua casa. “Marcos 6: 4

São os de sua casa, sua família e sua pátria que farão guerra contra você no exercício de seu ministério.

Não considere suas palavras provocativas e facciosas. Apegue-se a Deus e suas promessas e espere que elas sejam cumpridas na época auspiciosa.

Mesmo no caso de um testemunho de Deus, limite-se a dizer o que Deus realizou em sua vida. Ao procurar embelezar o esboço do testemunho, a pessoa pode cair na rede dos iníquos.

Sejamos cuidadosos com o que as pessoas dizem, mas tenhamos cuidado com o que Deus nos prometeu porque acontecerá no tempo devido!

CONFISSÃO DE FÉ

« *E eu, para te obedecer, não recusei ser pastor; Eu também não queria o dia da desgraça, você sabe disso; O que saiu dos meus lábios foi descoberto na sua frente.* » Jeremias 17 :16

Aqui o profeta Jeremias enfatiza sua confissão de fé, apesar de sua natureza humana. É pela fé que todo servo de Deus deve se comprometer a cumprir a missão recebida de Deus!

Devemos permanecer apegados a Deus e estar em sua presença durante todo o cumprimento da missão!

Muitos dos filhos de Deus reclamam do sofrimento que continua enquanto permanecem fiéis a Deus. Roubando e prostituindo-se como os outros, eles pensam que também seriam abençoados materialmente!

Que tipo de bênção?

A verdadeira bênção é aquela que vem de Deus através da fé, esperança e amor!

Outros roubaram e até construíram casas grandes e eu mantive sua palavra, meu Deus. E foi assim que acabei.

Não devemos nos justificar diante de Deus, que sabe muito bem o que muito mal tentamos explicar a ele.

As pessoas vão lutar com você por causa da verdade e não por causa das casas que você não poderia construir por temer a Deus!

A luta contra os servos de Deus reside na verdade e não nas riquezas. As pessoas deste mundo são tão más que não suportam mais a verdade. Eles procuram ouvir coisas que os fariam felizes porque vivem em rebelião e revolta.

Para servir a Deus, não entre no jogo deles, continue a confiar em Deus e a acreditar na palavra que recebeu Daquele que o chamou para lhe confiar esta nobre missão!

A Palavra de Deus é imutável. Esteja você na China, nos Estados Unidos, na Europa ou na África, a Palavra de Deus permanece a mesma.

Você tem que obedecer a Palavra de Deus e observá-la cuidadosamente.

E quando seguimos o profeta Jeremias, prestando atenção nas palavras das pessoas, ele recai na reclamação contra Deus que o fez um servo fiel que tem problemas com todos por causa de sua fidelidade e obediência a ele.

Ele acaba dizendo que Deus é um lugar de medo e de refúgio para ele! E aí será necessário ter medo no sentido do temor de Deus. Deus nos chama para nossa segurança neste sistema de coisas e no futuro!

São os outros que vêm para criar uma área de interferência com Deus para nós, porque eles não estavam lá no dia da angústia!

Devemos continuar a servi-lo com medo e fidelidade!

VINGANÇA

« *Envergonhem-se os meus perseguidores, e não me envergonhe eu; Deixe-os tremer e não me deixe tremer! Traga sobre eles o dia da desgraça, golpeie-os com uma praga dupla!* » Jeremias 17 :18

Quando buscamos nos justificar diante de Deus, caímos na rede da vingança!

Ele pede a Deus que:

- Seus perseguidores estão confusos,

- Deixe-os tremer e

- Que o dia da desgraça os atinja duplamente.

Essa vingança física foi autorizada na dispensação do profeta Jeremias. Mas na nossa, a luta se tornou espiritual e deixamos Deus se vingar e lidar com nossos inimigos.

« *Pois conhecemos aquele que disse: Minha é a vingança, minha retribuição! E ainda: O Senhor julgará seu povo.* » Hebreus 10:30

Nossa dispensação é uma dispensação baseada no perdão.

« *Você já ouviu o que foi dito: Ame o seu próximo e odeie o seu inimigo.*

Mas eu digo a vocês: amem seus inimigos, abençoem aqueles que os amaldiçoam, façam o bem aos que os odeiam e orem por aqueles que os maltratam e perseguem,

Para que sejais filhos do vosso Pai que está nos céus; pois ele faz nascer o seu sol sobre maus e bons, e faz chover sobre justos e injustos.» Mateus 5 :43-45

Às vezes, quando não funciona, as pessoas tendem a apontar o dedo para outras pessoas. Cada um de nós seja responsável por suas próprias faltas diante de Deus.

Nesta dispensação do Espírito e da graça, é Deus quem vinga seus filhos para vencer o mal com o bem e o pecado pela obediência à Palavra de Deus.

Esta é a Nova Aliança que se baseia no amor ao próximo e até mesmo ao inimigo.

Isso me lembra de Salomão em seu pedido diante de Deus.

« *Em Gibeão, o Senhor apareceu a Salomão em sonho durante a noite, e Deus lhe disse: Pede tudo o que quiseres que eu te dou.*

Salomão respondeu: Tu trataste a teu servo Davi, meu pai, com grande bondade, porque ele andou em tua presença em fidelidade, em retidão e em retidão de coração para contigo; você preservou esta grande benevolência para ele, e você deu a ele um filho que se senta em seu trono, como vemos hoje.

Agora, ó Senhor meu Deus, tu fizeste teu servo reinar em lugar de meu pai Davi; e eu sou apenas um jovem, não tenho experiência.

O teu servo está no meio do povo que escolheste, um povo imenso, que não pode ser contado nem contado por causa da sua multidão.

Portanto, dá ao teu servo um coração compreensivo para julgar o teu povo, para discernir o bem do mal! Pois quem pode julgar seu povo, tanta gente?

Este pedido de Salomão agradou ao Senhor.
E Deus lhe disse: Visto que isso é o que tu pedes, não vendo vida longa, nem riquezas, nem a morte de teus inimigos, nem para ti mesmo, e ainda pede compreensão para exercer a justiça. » 1 Reis 3 :5-11
Enquanto Salomão ainda estava na Antiga Aliança, no meio da dispensação da lei, ele agiu a pedido de Deus muito à frente de seus contemporâneos. Ele não pediu as riquezas deste mundo, mas apenas inteligência e sabedoria. E Deus apreciou seu pedido, conforme indicado no versículo 10 do mesmo capítulo.

Não se vingue. Não vamos colocar o errado pelo errado. Confie em Deus e ele lidará com nossos inimigos em sua soberania.

Não devemos abusar de nossa posição como filhos de Deus para nos vingar de nossos inimigos. Como Salomão, não busquemos a morte de nossos inimigos. Só Deus cuidará deles a seu tempo e de acordo com sua vontade.

Quando acabar, não haverá mais bruxos e pessoas de má-fé em nossas famílias e na sociedade.

Mas uma vez que tudo está bloqueado, às vezes sem nenhum motivo é caça às bruxas e vilões!

Existem servos de Deus que estão sem tempo para falar da verdade e da justiça de acordo com a Palavra de Deus. Preferem falar de feiticeiros e demônios para não perder aos outros quem quer justificar suas doenças e suas misérias!

Deixe que todos se examinem sobre o que está acontecendo com eles!

Jesus estava certo em advertir seus discípulos, como mencionamos acima. Nós, que servimos ao Senhor, seremos odiados por todos por causa de Jesus que está em nós e que nos confiou esta missão.

" *O infortúnio freqüentemente atinge os justos, mas o Senhor sempre os livra.*" Salmo 34:19

Deus nunca abandona o justo no dia da angústia. Não há necessidade de reclamar de Deus. Que cada um de nós reclame de seus próprios pecados.

O Pai, o Filho e o Espírito Santo em nós, não temos que temer nada.

Maior é aquele que está em nós do que aquele que está no mundo.

Não tenhamos medo daquele que está no mundo, pois ele não é maior do que aquele que está em nós.

Nosso Deus é maior e mais poderoso. Não temos nenhum outro lugar para ir porque estamos completamente seguros nele.

O Nome do Senhor é uma torre e uma fortaleza. Isso é o suficiente para estarmos seguros e evitar que o inimigo nos alcance.

Cuidado: o infortúnio sempre pode atingir os justos, mas o Senhor sempre os livra. Será necessário permanecer na presença de Deus, porque na presença dele estamos em segurança.

Aparentemente somos afetados, mas na realidade é Deus quem está no controle.

CAPÍTULO 4

CAPÍTULO 4

PROJETO DE DEUS

« *Pois eu conheço os planos que fiz para vós, diz o Senhor, planos de paz e não de calamidade, para vos dar futuro e esperança.* » Jeremias 29:11

Enquanto o povo de Deus estava sofrendo, Jeremias havia falado com eles sobre a parte de Deus sobre um plano de paz e não de infortúnio para um futuro de restauração com esperança.

Mas assim que começou a prestar atenção às palavras dos homens, começou a reclamar diante de Deus, sem saber.

Deus não nos quer mal, não quer a morte do pecador.

Temos que confiar nele como alguém que vê uma chama em seu carro e também sabe que tem um extintor de incêndio com ele. Tudo o que ele vai fazer é abri-lo e apontá-lo para a chama.

Ele não vai começar a gritar por ajuda ou ficar inquieto.

Freqüentemente fazemos orações epidérmicas, gritando e batendo palmas com muito barulho e muito ódio contra aqueles que se acredita serem a causa de nossa infelicidade.

Esquecemos que é Deus quem tem a primeira e a última palavra na vida de cada um de nós. E tudo que você precisa fazer é trabalhar com ele para o melhor. Ele não tem intenção de nos fazer mal, apesar das aparências da adversidade e do vento contrário em nossa jornada ao sol.

Portanto, vamos parar de apontar os outros como a causa de nossa infelicidade. Cada um de nós deve ser responsável pelo que lhe acontece diante do Senhor.

Nosso Deus tem planos de paz e felicidade para nós. Mesmo que às vezes, a forma e a substância não se casem.

É como quando Jesus foi à cruz para consumir o cálice da ira de Deus, ninguém conseguia entender naquela época que este era um plano maravilhoso para a salvação de todos os homens.

Nossa oração é dirigida a Deus com fé e perseverança, sabendo que está escrito que mil caem à sua esquerda, dez mil à sua direita não serão alcançados. Apegue-se à Sua Palavra, pois nela está a vida.

Também está escrito que se seus inimigos vierem por um caminho, eles voltarão por sete caminhos diferentes.

Nosso Deus é nosso refúgio e nossa fortaleza. Não devemos ter medo. Confiemos em Deus que nos deu esta nobre missão de sermos suas testemunhas até os confins da terra.

A Bíblia também nos ensina que as trevas nem sempre reinarão na vida dos filhos de Deus.

Venha um dia o sofrimento de quem acredita que vai acabar e eles poderão colher com cânticos de alegria onde semearam com lágrimas calorosas.

Lembro-me de Ezequias que estava doente de morte em seus dias. E quando ele se ajoelhou, ele não pediu a Deus para derrubar seus inimigos!

Em vez disso, ele disse a Deus para se lembrar dele e da maneira como ele caminhava diante de seu rosto.

Lembre-se do bem que faço no seu trabalho. Lembre-se, oh, Deus, você que não é devido a ninguém.

Como o profeta de Deus, Isaías, veio a sua casa para lhe dizer que essa doença era para a morte, isso não o incomodou de forma alguma. Em vez disso, ele levantou sua voz para Deus pedindo-lhe que se lembrasse dele.

Ele disse a Deus que ele é sua glória e seu refúgio. E ele pediu que ela se lembrasse de como ele havia caminhado na sua frente.

Que Deus se lembre de cada um de nós. Que Deus se lembre das tuas boas obras na missão em que estás evoluindo, para que nos momentos difíceis ele venha em teu auxílio!

Que ele se lembre da sua dedicação, do seu sacrifício, da sua dedicação e das coisas que deixou e deixou para ele.

A Bíblia diz que antes de o Profeta deixar a corte real, Deus ordenou que ele voltasse a Ezequias para dizer-lhe que sua oração foi atendida!

E então Deus acrescentou quinze anos ao Rei Ezequias!

Talvez o seu casamento demore a chegar. E quando você vai se casar tarde, segundo os homens deste mundo, Deus vai acrescentar mais vigor e ainda mais felicidade ao seu casal.

Deus faz tudo certo no tempo devido. No devido tempo, ele irá visitá-lo. No devido tempo, ele enxugará toda lágrima de todos os olhos.

Eu conheço um homem de Deus com mais de 65 anos.

Freqüentemente, ele era levado para o exterior para tratamento médico. E às vezes as pessoas diriam, desta vez, ele não vai voltar com a gente vivo.

E enquanto pensávamos nele dessa forma, o vimos vigorosamente na televisão pregando o evangelho.

Deus faz seu povo viver em meio à fome, sofrimento e tormento.

Teremos que mudar a maneira como oramos. Não é mais hora de reclamar diante de Deus das dificuldades encontradas no caminho missionário. O que importa é obter a vitória final!

A ajuda do missionário vem de Deus que lhe confiou a dita missão.

Não procuremos inutilmente os inimigos ao nosso redor, porque Deus, que nos confiou esta missão, nos permitirá ir até o fim.

Nosso Deus não paga por negócios inacabados. Não temos outra alternativa, temos que seguir em frente com a missão.

Não estamos apenas proclamando a mensagem de Deus, mas devemos acreditar nela e também nos submeter a ela.

Devemos entender que reclamações contra Deus não podem mudar nada em nossa missão. Pelo contrário, eles nos separam de Deus e nos conduzem à fenda da perdição e destruição.

Mas, ao reclamar de nossos próprios pecados, nos conectamos com Deus, que dá a resposta para nossos muitos problemas.

Sejamos como bons soldados que correm para o campo de batalha para arrebatar a vitória final.

Vamos nos conectar com Deus para permanecermos Sua boca. Vamos dizer a verdade uns aos outros, dando verdadeira confiança aos filhos de Deus.

"Portanto, não depende de quem quer, nem de quem corre, mas de Deus que se compadece.

Pois a escritura diz a Faraó: É para isso que te levantei para mostrar o meu poder em ti, e para que o meu nome seja anunciado em toda a terra.

Portanto, ele tem misericórdia de quem ele quer, e ele endurece quem ele quer. "Romanos 9: 16-18

Vamos aprender a depender de Deus e não do que vemos e ouvimos.

Vamos confiar em Deus, que não deseja nos fazer mal e trabalhar como bons soldados no campo de batalha.

Depende de Deus que tem misericórdia de quem ele quiser, quando ele quiser e como ele quiser.

Realmente não é hora de reclamar de Deus pelas dificuldades e obstáculos encontrados ao longo de nossa missão.

Queixemo-nos, porém, dos nossos próprios pecados e tornemo-nos verdadeiras bocas do Senhor para a manifestação da sua glória entre os nossos contemporâneos.

Vamos nos tornar a expressão viva da vontade de Deus em palavras e ações.

Como filhos de Deus a serviço de nosso Pai que está nos céus, vivamos em obediência, fidelidade e disciplina, trazendo de volta o reino de Deus na terra nestes tempos difíceis do fim.

CAPÍTULO 5

CAPÍTULO 5

O SARMENT E A VIDEIRA

« *Permaneça em mim, e eu permanecerei em você. Assim como o ramo não pode dar fruto por si mesmo, a menos que permaneça na videira, você também não pode, a menos que permaneça em mim.* » João 15: 4

« *Se você permanecer em mim, e minhas palavras permanecerem em você, pergunte o que quiser e será concedido a você.* » João 15: 7

Assim como o galho deve ser amarrado à videira para dar fruto, somos chamados a permanecer na Palavra de Deus para dar frutos dignos de filhos de Deus e de servos de Deus.

Você tem que estar apegado à Palavra de Deus. Você tem que crer na Palavra de Deus.

Devemos estar apegados a Jesus, especialmente neste fim dos tempos.

A ciência, os guardiões tradicionais, os hereges e outros oferecem ao mundo sua escala de valores, contrariando as prescrições do evangelho de Jesus Cristo.

Vivemos um momento muito difícil em que a ciência tenta se justificar à sua maneira e os homens também de acordo com seus saberes e suas tradições. No entanto, a única verdade permanece na Palavra de Deus.

Os peixes vivem na água e os pássaros no ar. O homem criado à imagem e semelhança de Deus só pode viver na Palavra de Deus.

Quando abandonamos a Palavra de Deus, ficamos fracos e vulneráveis como um peixe na areia da praia. Ele não consegue mais se mover e sua respiração fica dolorida.

Ele terá que ser trazido de volta à água para trazê-lo de volta à vida. Assim é com o ramo. Quando ele é separado da videira, ele vai secar e não dará mais frutos na próxima temporada.

Continuemos apegados ao Senhor, ele nos protegerá.

Se estamos apegados ao Senhor, peçamos a Ele tudo o que precisamos e ele nos dará!

Deus quer que possamos estar diante de sua face.

« *Depois de ter falado muitas vezes e de muitas maneiras aos nossos pais por meio dos profetas, Deus nestes últimos tempos nos falou por meio do Filho, a quem ele fez herdeiro de todas as coisas, por quem também criou o mundo*. »Hebreus 1: -2,

Devemos, portanto, estar diante de nosso Senhor para servi-lo de acordo com a missão comum de levar essas boas novas até os confins da terra.

Quanto mais Jeremias reclamava, mais Deus o trazia à razão. Ele estava dando a ela as instruções para sua felicidade. Cabe a nós voltar para Deus e não a Deus para vir até nós, pois ele já fez a sua parte.

« *Portanto, apega-te a Deus e terás paz; Assim, você desfrutará de felicidade.* » Jó 22:21

É quando nos relacionamos com Deus que teremos paz, alegria e felicidade. E esta é a mensagem do Senhor, que é permanecer na presença de Deus.

O importante na missão é permanecer apegados a Deus, pois é nele que somos protegidos e conduzidos ao melhor destino.

Nosso futuro será cheio de paz e felicidade se nos conectarmos com Deus, independentemente dos tempos e circunstâncias da vida.

Embora a missão seja difícil diante de tempestades e ventos contrários em sua rota de peregrinação sob o sol, apegue-se a Deus e você terá paz e felicidade.

Não se preocupe com nada, não reclame de nada. Mas deixe Deus saber nossas necessidades. E a paz de Deus que ultrapassa todo entendimento guardará nossos corações e mentes em Jesus Cristo.

Você pode perder o que outros já têm. Mas quando a paz do Senhor está no coração. Você está do lado seguro.

Jesus disse aos seus discípulos: « *Deixo-vos em paz, dou-vos a minha paz. Eu não te dou como o mundo dá. Não deixe seu coração se perturbar e não se assuste.* »João 14:27

A paz do Senhor começa no coração, enquanto a deste mundo está ligada ao fugaz prazer das paixões da carne.

Essa paz garante o tempo de resposta. Mesmo se você perder hoje, não se assuste. Fique quieto porque na hora dele, Deus vai dar a você o que seu coração deseja.

Aquele que se apega a Deus acabará desfrutando da felicidade que vem dele.

Um dia, aquele que se apega a Deus se alegrará com a visitação divina.

É dito: "*E foi a tarde e a manhã*..." Gênesis 1: 5

Uma manhã você vai acordar com alegria porque a noite terá passado e Deus terá enxugado as lágrimas de seus olhos.

Deus passa a noite em sua vida quando você chora, a fim de lhe dar uma manhã maravilhosa, conforme afirma Isaías 9: 1, que nem sempre as trevas reinarão.

O Senhor Jesus deu tudo. Ele nos deu sua vida e ressuscitou dos mortos no terceiro dia. Ele morreu com escuridão durante três horas em toda a terra e deixou o sepulcro antes do nascer do sol.

Ele sabia por que tinha que aceitar essa morte vergonhosa na cruz entre dois criminosos.

Ele não abriu a boca como um cordeiro levado ao matadouro para a salvação de toda a humanidade.

Ele permaneceu ligado ao Pai em tudo para nos dar exemplo de obediência, fidelidade e disciplina na missão.

Ele guardou a lei do ramo e da videira. Como uma unha no dedo, o Senhor Jesus permaneceu apegado a Deus em toda a sua paixão pela salvação de todos os homens.

Não há sucesso sem a presença de Deus. Quem quiser ter sucesso com Deus terá que aprender a se relacionar com ele apesar dos tempos e circunstâncias da vida.

Porque o ramo deve permanecer preso à videira para dar frutos, devemos nos ligar a Deus para manifestar nossa adoção como seus filhos.

Como um profeta, segure-se em Deus. Receba suas instruções. Coloque-os no coração e cumpra-os com obediência e fidelidade.

Coloque sua palavra em prática em sua vida diária, e Deus será seu refúgio e sua fortaleza.

Não é suficiente chamá-lo apenas de Senhor. Mas você terá que fazer sua vontade, em obediência e disciplina. Precisamos mostrar aos outros que somos filhos de Deus em palavras e ações.

Vamos colocar em prática as palavras que ouvimos de sua boca. Nossa referência não é o mundo, mas a Palavra de Deus. Não acredite no diabo, ele é o pai da mentira.

Permaneçamos apegados a Deus como o ramo está ligado à videira, para produzir frutos dignos de filhos de Deus.

Quando retornarmos a Deus dessa forma e nos relacionarmos com ele em obediência e fidelidade, nosso Deus nos estabelecerá.

Pudemos assim estar na sua presença e anunciar a Boa Nova a todo o mundo com fé e esperança.

Quem aceita voltar para se vincular a Deus é bem-aventurado, pois ele é a fonte de todo espírito e de tudo.

Devemos nos afastar do pecado, da preguiça e da negligência de servir a Deus em obediência e fidelidade.

Devemos separar o que é precioso do que é vil, Deus nos fará sua boca como vimos acima!

Deixemos de reclamar de Deus pelo bem ou pelo mal e nos coloquemos a serviço de Deus na obediência, fidelidade e disciplina.

Se temos algo do que reclamar, vamos reclamar de nossos próprios pecados antes de nós mesmos.

Vamos nos conectar com Deus e teremos um futuro cheio de paz e felicidade. E que todos saibamos que não é mais hora de reclamar, é hora de servir a Deus.

Não há paz sem provações!

CONCLUSÃO

CONCLUSÃO

Agora não é mais hora de reclamar de Deus, mas de nos reunirmos a Ele para cumprir a missão que dele recebemos.

Cada um de nós é responsável pelo que nos acontece, porque ninguém mais poderá orar por nós todos os dias e por tudo o que nos acontece. Cada um de nós é responsável por nosso relacionamento com Deus e com o próximo.

A culpa não é apenas dos outros. Ela também vezes do nosso lado!

Limpemos o nosso coração e a nossa boca, porque é da abundância do coração que a boca fala.

Torne-se a boca de Deus começando por reclamar dos seus próprios pecados e conectando-se com Ele, de quem todos viemos e para quem caminhamos lenta mas seguramente.

As palavras de Deus que dele recebemos devem ser postas em prática em nossa vida diária, para sermos verdadeiras testemunhas de Deus.

É Deus quem o estabelecerá diante de sua face. Se, ao ler este livro, você perceber que abandonou sua missão por causa dos inconvenientes no caminho da vida, tenho uma mensagem para você:

Volte para o Senhor. Conecte-se com ele e reclame de seus próprios pecados e Deus lhe responderá. Ele fará de você sua boca e o colocará diante dele como um pilar.

Ser a boca de Deus é ser sua testemunha e sua resposta aos outros. Quando ele quiser agir pelos outros, o fará através de você, porque você é a boca dele.

Quem está apegado a Deus, terá Deus como seu nome, sua riqueza e sua sabedoria.

Se estamos procurando dinheiro, devemos buscar a Deus primeiro e mais. Pois ele sabe onde está o tesouro que nossos corações desejam neste sistema de coisas e no futuro.

A Palavra de Deus vale mais do que mil moedas de ouro e mil moedas de prata, como diz o Salmo 119: 72.

Então Deus pode te responder!

O que você está procurando?

Busque primeiro o reino dos céus e sua justiça, conforme declarado em Mateus 6:33.

Primeiro, o reino dos céus e sua justiça e o resto serão dados em adição.

Esta é a escala de valores nas coisas divinas. E quando você faz do reino dos céus sua prioridade, Deus suprirá suas necessidades de acordo com o desejo do seu coração e brilhará luz em seu caminho.

As trevas fugirão da luz de responder às suas orações se você se apegar a Deus.

E é o próprio Deus quem vai fazer você brilhar como uma luz nas trevas.

Permaneça, portanto, apegado a Deus como o galho está preso à videira para produzir frutos de acordo com a semente e na estação certa. E Deus será o seu auxílio que nunca falha em tempos de angústia.

Se você está apegado a Deus, você será abençoado com sua família, sua igreja local, sua sociedade e toda a sua nação.

O AUTOR

O AUTOR

Pasteur Jacques TSHIMUBA, casado com **Naomi TSHILUMBA** e pai de filhos, foi batizado ainda adolescente na Igreja "**Viens & Vois**", na cidade de Lubumbashi nos anos 1981-1982.

Ele evoluiu por um longo tempo de acordo com os ensinamentos recebidos do falecido reverendo **Pastor LUKUSA Albert**. Ele foi assim treinado e treinado, como um jovem ganhador de almas.

Ele também foi treinado em oração no "**J.T.L.**" Como intercessor. E ele foi responsável pela cela de oração no Edifício Granat por um tempo.

Em 1995 deixou esta cidade para ir para Kinshasa via Mbuji-Mayi.Teve a graça de trabalhar com o "**Evangelho Pleno**", a **Igreja Francófona MAWOS**, bem como a **Igreja RHEMA** como jovem evangelista.

Poucos meses depois, ele foi para Kinshasa no final do mesmo ano, onde trabalhou sob a liderança do falecido **Apóstolo Dieudonné N'ZENGU SAPU** dentro do « **Cité de Refuge** » até 2003.

Nesse ínterim, foi estabelecido contato com o **Bispo Joseph ALEXANDER**, dos Estados Unidos. Ele foi então cofundador dos **Ministérios da Rede Global para a Nova Aliança** de 2003 a 2005.

Posteriormente, continuando sua caminhada sob a cobertura espiritual do falecido **Apóstolo Dieudonné N'ZENGU SAPU**, este último o reconhecerá oficialmente pela imposição de mãos, no ministério pastoral em outubro de 2013.

Em 2007, ele fundou a Igreja "**BATIR SUR LE ROC**", onde dispensa a Boa Nova de Jesus até hoje e cuja visão data dos anos 1997. Tivemos que esperar o tempo de Deus!

O Autor

Para qualquer contato

Pastor Jacques TSHILUMBA

Whatsapp : +243815067777

Email:jacquestshilumba@gamail.com

You Tube : Bâtir Tv

ÍNDICE

ÍNDICE

A RECLAMAÇÃO

A Bíblia diz: "Não é da vontade do Altíssimo que vêm o mal e o bem? Por que reclamaria um homem vivo? Que cada um reclame de seus próprios pecados. Lamentações 3: 38-39

Ambos os versos são reveladores. As pessoas não apenas reclamam dos erros, mas também das mercadorias. Mas aqui, o Senhor Deus pede ao Profeta Jeremias que reclame de seus próprios pecados ...

Não é o diabo, não é o seu vizinho, não é Deus...

Você mesmo é a fonte da sua infelicidade e da sua felicidade...

O Pastor Jacques TSHILUMBA está com você no You Tube na série de programas da Bâtir TV e conta com sua modesta contribuição de filhos de Deus na missão comum de anunciar a Boa Nova do Reino a toda a humanidade e a você. reclamar diante de Deus, mas reclamar dos seus próprios pecados e se reunir com Deus para desfrutar de um futuro cheio de paz e felicidade.

Construindo no Roc

N° DEPÓSITO LEGAL: AO 3.02108-57385

Printed by Books on Demand GmbH, Norderstedt / Germany